AF496271

RÉPUBLIQUE FRANÇAISE

MINISTÈRE DU COMMERCE ET DE L'INDUSTRIE

CHAMBRES DE COMMERCE

ÉLECTIONS

BERGER-LEVRAULT & Cie, ÉDITEURS

PARIS — 5, RUE DES BEAUX-ARTS, 5 | NANCY — 18, RUE DES GLACIS, 18

1908

RÉPUBLIQUE FRANÇAISE

MINISTÈRE DU COMMERCE ET DE L'INDUSTRIE

CHAMBRES DE COMMERCE

ÉLECTIONS

Circulaire

relative à l'application de la loi du 19 février 1908 sur l'élection des chambres de commerce et des chambres consultatives des arts et manufactures.

Du 30 mars 1908

Monsieur le Préfet, j'ai l'honneur de vous faire parvenir le texte de la loi du 19 février 1908, publiée au *Journal officiel* du 14 mars 1908, relative à l'élection des chambres de commerce et des chambres consultatives des arts et manufactures.

Cette loi, en instituant le suffrage universel pour l'élection de ces compagnies, accomplit une réforme importante qui avait fait l'objet, depuis longtemps, de nombreuses propositions dans les deux Chambres.

Antérieurement, c'était le décret du 22 janvier 1872 qui régissait l'élection des chambres de commerce et des chambres consultatives des arts et manufactures. Le corps électoral était composé d'un certain nombre de personnes choisies parmi les commerçants « recommandables par leur probité, leur esprit d'ordre et d'économie », par une commission spéciale composée de délégués de corps élus (art. 618 et 619 du Code de commerce modifiés par la loi du 21 décembre 1871).

Si ce système de la liste des « notables commerçants » a

pu donner des résultats appréciables, il est juste de reconnaître qu'il n'était plus en rapport avec nos principes politiques, ni avec la conception de plus en plus admise que la représentation légale du commerce et de l'industrie, pour jouir d'une entière autorité, doit émaner non d'un groupe de privilégiés, mais de l'ensemble des intéressés.

Ce principe du suffrage universel est appliqué aux tribunaux de commerce depuis la loi du 8 décembre 1883. L'article 20 de cette loi avait même décidé qu'il serait statué par une loi spéciale sur le mode d'élection des chambres de commerce et des chambres consultatives des arts et manufactures. Mais cette promesse n'a été réalisée que par la loi du 19 février 1908, grâce à l'extension, dans ses dispositions essentielles, du régime électoral de la juridiction consulaire aux élections des chambres de commerce et des chambres consultatives des arts et manufactures.

En vue de faciliter l'application de ce nouveau régime qui doit aboutir à une réorganisation complète de ces compagnies, je crois devoir vous adresser des instructions traitant, tout d'abord en ce qui concerne les chambres de commerce, des questions suivantes :

I. — Régime électoral.

II. — Catégories professionnelles.

III. — Dispositions générales.

I

RÉGIME ÉLECTORAL

1° Électorat. — D'après l'article 2 de la loi du 19 février 1908, les membres des chambres de commerce sont nommés par les mêmes électeurs que les tribunaux de commerce. Il en résulte que pour être électeur de la chambre de commerce il faut remplir les conditions requises pour être électeur du tribunal de commerce. Ces conditions sont fixées par l'article 1 de la loi du 8 décembre 1883, complétée par la loi du 23 janvier 1898.

D'après ces textes, sont électeurs :

1° Les citoyens français, commerçants patentés ou associés en nom collectif depuis cinq ans au moins, capitaines au long cours et maîtres de cabotage ayant commandé des bâtiments pendant cinq ans, directeurs des compagnies françaises anonymes de finances, de commerce et d'industrie, agents de change et courtiers d'assurances maritimes, courtiers de marchandises, courtiers interprètes et conducteurs de navires institués en vertu des articles 77, 79 et 80 du Code de commerce, les uns et les autres après cinq années d'exercice, et tous, sans exception, devant être domiciliés depuis cinq ans au moins dans la circonscription de la chambre;

2° Les femmes qui remplissent les conditions de patente et de domicile énoncées au paragraphe précédent.

Les membres anciens ou en exercice des tribunaux et des chambres de commerce, des chambres consultatives des arts et manufactures, les présidents anciens ou en exercice des conseils de prud'hommes sont également électeurs, mais seulement pour la chambre dans la circonscription de laquelle ils ont été ou sont encore investis de leurs fonctions.

Toutes ces personnes doivent être domiciliées depuis cinq ans au moins dans la circonscription de la chambre.

Il a été admis par la jurisprudence judiciaire que doivent être considérés comme électeurs : les associés en nom collectif, visés expressément par la loi, bien qu'ils puissent ne pas être inscrits personnellement à la patente, mais à la condition de justifier de leur qualité d'associés, et les commandités en commandite simple ou par actions.

Ne peuvent participer aux élections des chambres de commerce les personnes qui sont frappées des incapacités prévues par l'article 2 de la loi du 8 décembre 1883, à savoir :

1° Ceux qui ont été condamnés soit à des peines afflictives et infamantes, soit à des peines correctionnelles, pour faits qualifiés crimes par la loi;

2° Ceux qui ont été condamnés pour vol, escroquerie, abus de confiance, soustractions commises par les dépositaires de deniers publics, attentats aux mœurs;

3° Ceux qui ont été condamnés à l'emprisonnement pour délit d'usure, pour infraction aux lois sur les maisons de jeu, sur les loteries et les maisons de prêts sur gages, ou par application de l'article 1 de la loi du 27 mars 1851, de l'article 1 de la loi du 5 mai 1855, des articles 7 et 8 de la loi du 23 juin 1857, et de l'article 1 de la loi du 27 juillet 1867;

4° Ceux qui ont été condamnés à l'emprisonnement par application des lois du 17 juillet 1857, du 23 mai 1863 et du 24 juillet 1867 sur les sociétés;

5° Ceux qui ont été condamnés pour les délits prévus aux articles 400, 413, 414, 417, 418, 419, 420, 421, 423, 433, 439, 443 du Code pénal, et aux articles 594, 596 et 597 du Code de commerce;

6° Ceux qui ont été condamnés à un emprisonnement de six jours au moins ou à une amende de plus de 1 000 francs pour infraction aux lois sur les douanes, les octrois et les contributions indirectes, et à l'article 5 de la loi du 4 juin 1859 sur le transport par la poste de valeurs déclarées;

7° Les notaires, greffiers et officiers ministériels destitués en vertu de décisions judiciaires;

8° Les faillis non réhabilités dont la faillite a été déclarée soit par les tribunaux français, soit par des jugements rendus à l'étranger, mais exécutoires en France pendant les trois années qui suivent la déclaration de faillite (Loi du 30 décembre 1903, modifiée par la loi du 23 mars 1908);

9° Et généralement tous les individus privés du droit de vote dans les élections politiques.

2° Formation des listes électorales. — Réclamations. — La liste électorale qui servira à l'élection de la chambre de commerce est la même que celle dressée pour l'élection du tribunal de commerce lorsque la circonscription de la chambre correspond exactement au ressort du tribunal. Telle est la règle de principe posée par le paragraphe 1 de l'article 2.

Mais cette identité dans l'étendue territoriale des deux institutions ne se rencontre pas toujours; il peut se présenter plusieurs cas :

1° La circonscription de la chambre est moins étendue que le ressort du tribunal ou des tribunaux de commerce, tout en restant entièrement comprise dans les limites du ressort de ce ou ces tribunaux.

Dans ce cas il sera procédé à l'élection avec la liste dressée pour le ou les tribunaux de commerce, cette liste ne comprenant toutefois que les électeurs de la circonscription de la chambre;

2° Les ressorts d'un ou de plusieurs tribunaux de commerce sont en totalité compris dans la circonscription de la chambre, celle-ci ayant en outre une fraction de territoire ne correspondant pas à un ressort de tribunal de commerce.

Les listes servant à l'élection de ces tribunaux seront complétées par une autre liste dressée d'après les règles posées par la loi du 8 décembre 1883 pour la fraction de territoire ne correspondant pas à un ressort de tribunal de commerce;

3° La circonscription de la chambre s'étend en partie sur le ressort d'un tribunal de commerce et en partie en dehors de ce ressort.

La liste électorale de la chambre sera formée, d'une part, par la liste électorale du tribunal réduite aux électeurs compris dans la circonscription de la chambre, et, d'autre part, par une liste dressée d'après les règles posées par la loi du 8 décembre 1883 pour la fraction de la circonscription ne correspondant pas à un ressort de tribunal de commerce;

4° La circonscription de la chambre ne comprend point de tribunal de commerce.

Dans ce cas, il est dressé pour l'ensemble de la circonscription une liste électorale dans les conditions prévues par la loi du 8 décembre 1883.

Toutes les fois qu'il n'y aura pas de liste électorale pour une fraction ou pour l'ensemble de la circonscription d'une chambre, l'administration devra observer les prescriptions édictées par les articles 3, 4, 5, 6 et 7 de la loi de 1883 en ce qui touche la confection, la revision, la publication des listes électorales et l'instruction des réclamations contre ces listes.

Il vous appartiendra donc, en vous conformant aux dispositions ci-dessus rappelées, de prendre les mesures nécessaires pour que, dès cette année, et en vue du renouvellement intégral qui doit avoir lieu en décembre 1908, il soit dressé, en temps utile, les listes électorales dans les arrondissements et les cantons où elles font actuellement défaut.

Vous remarquerez que, si les protestations contre les élections sont déférées à la juridiction administrative par l'article 7 de la loi, celles relatives à la confection des listes demeurent de la compétence des tribunaux judiciaires, et, par suite, toutes les dispositions de la loi de 1883 relatives à la procédure et à la rectification des listes se trouvent de plein droit applicables aux listes spéciales aux chambres de commerce.

3° Éligibilité. — L'article 1 de la loi du 19 février 1908 dispose que les membres des chambres de commerce doivent être Français et sont soumis aux conditions d'éligibilité déterminées par la loi du 8 décembre 1883 (art. 8, § 1). Il s'ensuit que sont éligibles les électeurs inscrits sur la liste électorale âgés de trente ans.

Cependant, quelques dérogations ont été apportées à cette règle. C'est ainsi que ne peuvent faire partie d'une chambre de commerce : 1° les femmes commerçantes, bien qu'elles soient électeurs (Loi du 23 janvier 1898); 2° les commerçants en état de liquidation judiciaire, qui, cependant, continuent à être électeurs (art. 21 de la loi du 4 mars 1889); 3° les faillis, alors même qu'ils seraient électeurs mais qui ne seraient pas réhabilités (art. 1 de la loi du 30 décembre 1903, modifiée par la loi du 23 mars 1908).

Sont également éligibles les anciens commerçants français ayant exercé leur profession pendant cinq ans dans la circonscription de la chambre et y résidant.

Quant aux prescriptions du paragraphe 2 de l'article 8 de

la loi du 8 décembre 1883, elles ne sont pas applicables aux élections des chambres de commerce parce que ces compagnies, qui ne se composent que de titulaires, procèdent elles-mêmes à l'élection de leurs bureaux et qu'aucun stage préalable n'est exigé pour les membres de ces bureaux.

4° Déclaration des candidatures. — L'article 5 de la loi oblige les candidats à faire une déclaration à la préfecture de l'arrondissement où se trouve le siège de la chambre cinq jours au moins avant le vote.

La sanction de cette obligation est indiquée par le paragraphe 2 du même article, qui porte qu'il ne sera pas tenu compte, dans le résultat du scrutin, des suffrages accordés à un candidat n'ayant pas fait de déclaration.

5° Formes de l'élection. — Les formes de l'élection sont déterminées par l'article 9 de la loi du 8 décembre 1883.

Le vote doit avoir lieu par canton à la mairie du chef-lieu. Dans les villes divisées en plusieurs cantons, le maire désigne, pour chaque canton, le local où s'effectuent les opérations électorales et délègue, pour y présider, l'un de ses adjoints ou l'un des conseillers municipaux.

Dans les villes de Paris et de Lyon, il y aura autant de collèges électoraux qu'il y a d'arrondissements. Le vote aura lieu dans chaque mairie d'arrondissement, sur les listes électorales dressées conformément aux dispositions de la présente loi. Dans les circonscriptions suburbaines comprises dans les départements de la Seine et du Rhône, les élections auront lieu au chef-lieu de canton.

L'assemblée électorale est convoquée par le préfet du département. Elle est présidée par le maire ou son délégué, assisté de quatre électeurs qui seront les deux plus âgés et les deux plus jeunes membres présents. Le bureau ainsi composé nomme un secrétaire pris dans l'assemblée. Il statue sur toutes les questions qui peuvent s'élever au cours des opérations.

En cas d'impossibilité de former le bureau par suite du refus des électeurs d'accepter les fonctions d'assesseurs, le maire ou son délégué, sous la présidence de qui doit se faire l'élection, n'en devra pas moins se tenir dans la salle de scrutin à la disposition des électeurs, pendant tout le temps assigné aux opérations. Ce n'est qu'après l'expiration du délai fixé pour la durée du scrutin qu'il devra dresser, s'il y a lieu, un procès-verbal constatant le résultat négatif de l'élection.

L'assemblée, qui, en principe, doit se tenir au chef-lieu de canton, peut être divisée en plusieurs sections par arrêté du préfet, sur l'avis conforme du conseil général, dans les localités où cette division est jugée nécessaire.

Vous ne devez pas hésiter, pour permettre aux électeurs de manifester leur volonté, sans être astreints à des déplacements longs et coûteux, à diviser les cantons en sections de vote partout où la nécessité s'en fera sentir. Ce sectionnement est même indispensable lorsqu'à des chefs-lieux de canton peu importants par eux-mêmes ressortissent des communes dont le commerce ou l'industrie sont développés. Il semble qu'il suffira que vous fassiez des propositions dans ce sens pour que le conseil général émette un avis favorable.

Vous pouvez d'ailleurs, par arrêté pris sur l'avis conforme du conseil général, convoquer les électeurs de deux cantons au chef-lieu de l'un de ces cantons en une seule assemblée électorale, qui sera présidée par le maire de ce chef-lieu.

Il serait désirable que les élections des tribunaux et des chambres de commerce qui doivent avoir lieu dans le courant de décembre se fissent autant que possible simultanément dans la première quinzaine de ce mois, afin d'éviter de convoquer les électeurs à plusieurs réunions successives au cours du même mois. Mais il va de soi que, si les opérations ont lieu le même jour, il devra être constitué des bureaux distincts et dressé des procès-verbaux spéciaux.

Aucune élection ne sera valable au premier tour de scrutin si les candidats n'ont pas obtenu la majorité des suffrages exprimés, et si cette majorité n'est pas égale au quart des électeurs inscrits.

Lorsque la nomination n'a pas été obtenue au premier tour, un scrutin de ballottage a lieu quinze jours après et la majorité relative suffira, quel que soit le nombre de ces suffrages.

La durée de chaque scrutin sera de six heures ; il s'ouvrira à 10 heures du matin et sera fermé à 4 heures du soir.

Si les formes de l'élection sont les mêmes que celles prévues par la loi du 8 décembre 1883, les conditions requises par les articles 5, 6 et 7 de la loi du 9 avril 1898 demeurent applicables en ce qui touche la durée du mandat des membres des chambres, leur rééligibilité, leur renouvellement par tiers tous les deux ans, les élections complémentaires (1).

---

(1) *Loi du 9 avril 1898.* — Art. 5. — Les membres des chambres de commerce sont élus pour six ans; ils sont indéfiniment rééligibles ; le renouvellement a lieu par tiers, tous les deux ans, dans le courant de décembre.

Lors de la constitution d'une chambre de commerce, la répartition

6° Constatation de l'élection. — Le résultat de l'élection est, aux termes de l'article 7 de la loi du 19 février 1908, proclamé par le président de chaque assemblée électorale, qui transmet immédiatement au préfet le procès-verbal des opérations.

Dans les vingt-quatre heures de la réception des procès-verbaux, le résultat général de l'élection de chaque circonscription est constaté par une commission, siégeant à la préfecture, présidée par le préfet et composée du conseiller général du chef-lieu du département, et, dans le cas où le chef-lieu est divisé en plusieurs cantons, du plus âgé des conseillers du chef-lieu; en cas d'absence ou d'empêchement des conseillers généraux, du conseiller d'arrondissement ou du plus âgé des conseillers d'arrondissement du chef-lieu; du maire du chef-lieu du département ou l'un de ses adjoints en cas d'empêchement ou d'absence.

Aussitôt après la clôture des travaux de la commission de recensement, vous aurez à adresser une copie certifiée de l'ensemble des constatations au président en exercice de la chambre de commerce intéressée.

7° Réclamations contre les élections. — Suivant l'article 7 de la loi du 19 février 1908, dans les cinq jours de l'élection tout électeur a le droit d'élever des réclamations sur la régularité et la sincérité de l'élection.

Vous avez le même droit dans les cinq jours qui suivent la constatation du résultat général de l'élection.

Il est admis par la jurisprudence en matière d'élections consulaires, pour lesquelles l'article 11 de la loi du 8 décembre 1883 édicte des dispositions analogues, que le délai imparti aux électeurs pour formuler leurs protestations court du jour

---

des membres entre les séries et l'ordre de renouvellement desdites séries seront réglés par le sort.

Art. 6. — Les membres qui, pendant six mois, se sont abstenus de se rendre aux convocations sans motif reconnu légitime, sont déclarés démissionnaires par le ministre du commerce, après avis de la chambre. Ils sont remplacés au plus prochain renouvellement partiel.

Art. 7. — Lorsqu'une chambre de commerce se trouve, par l'effet des vacances survenues pour une cause quelconque, réduite aux trois quarts de ses membres, il est, dans le délai de deux mois à dater de la dernière vacance, procédé à des élections complémentaires.

Toutefois, dans l'année qui précède le renouvellement partiel, les élections complémentaires seront reportées à l'époque de ce renouvellement, à moins que la chambre n'ait perdu plus de la moitié de ses membres.

Les membres nommés dans une élection complémentaire ne demeurent en fonctions que pendant la durée du mandat qui avait été confié à leurs prédécesseurs.

de la constatation faite par la commission de recensement des résultats généraux du scrutin.

A la différence des réclamations en matière d'élections consulaires qui sont de la compétence des cours d'appel, les contestations sur la validité des élections des chambres de commerce sont, aux termes du paragraphe 10 de l'article 7 de la loi du 19 février 1908, jugées par le conseil de préfecture, sauf recours devant le Conseil d'État, à la requête des intéressés ou du préfet.

Quant aux causes de nullité des opérations électorales, la loi, en rendant l'article 12 de la loi du 8 décembre 1883 applicable aux élections des chambres de commerce, les a limitées aux cas suivants :

1° Si l'élection n'a pas été faite selon les formes prescrites par la loi ;

2° Si le scrutin n'a pas été libre, ou s'il a été vicié par des manœuvres frauduleuses ;

3° S'il y a incapacité légale dans la personne de l'un ou de plusieurs des élus.

En outre sont applicables aux élections des chambres de commerce les dispositions des articles 98, 99, 100, 102, 103, 104, 105, 106, 107, 108, 109, 110, 112, 113, 114, 116, 117, 118, 119, 120, 121, 122, 123 de la loi du 15 mars 1849.

8° **Installation des membres des chambres de commerce.** — Aux termes du dernier paragraphe de l'article 7 de la loi du 19 février 1908, « dans les quinze jours qui suivent l'élection, le préfet procède à l'installation des membres élus et transmet le procès-verbal de cette installation au ministre du commerce ».

Il semble rationnel d'admettre que ce délai de quinzaine ne court qu'à partir du jour de la constatation des résultats généraux de l'élection.

Vous remarquerez que la disposition susvisée s'éloigne notablement des termes de l'article 14 de la loi du 8 décembre 1883. Alors que l'installation des membres des tribunaux ne peut avoir lieu que lorsque les réclamations contre leur élection, s'il y en a eu, ont été définitivement jugées, au contraire, pour les chambres de commerce, il est procédé à l'installation quand bien même des protestations auraient été déposées au conseil de préfecture.

9° **Élection du bureau.** — L'élection du bureau continue à être régie par l'article 8 de la loi du 9 avril 1898 ; il est donc renouvelé tous les deux ans après l'installation des membres élus à la suite du renouvellement partiel biennal (1).

La loi n'ayant pas prévu de juridiction pour statuer sur les réclamations contre l'élection des membres du bureau, on est en droit de conclure que, conformément à la jurisprudence administrative, il appartient au ministre du commerce de se prononcer sur la validité de ces opérations électorales, sauf recours devant le Conseil d'État.

A cet effet, les présidents des chambres de commerce devront me transmettre sans retard les procès-verbaux d'élection des bureaux.

II

CATÉGORIES PROFESSIONNELLES

10° Répartition des sièges par catégories professionnelles. — En vue d'éviter que les industries ou les commerces dont l'importance cause la prospérité d'une région et en constitue la force économique dominante ne soient absorbés dans l'ensemble du collège électoral en raison du nombre restreint de leurs électeurs, la loi autorise l'institution de représentants par catégories professionnelles. Les sièges d'une chambre sont alors répartis soit entre les industries ou groupes d'industries et les commerces ou groupes de professions commerciales, soit entre des groupements comprenant à la fois des professions industrielles et des professions commerciales, en tenant compte dans chaque circonscription du montant des patentes, de la population active et de l'importance économique des industries, commerces ou groupes professionnels.

Pour procéder à l'étude de la répartition, l'article 3 de la loi institue dans chaque circonscription de chambre une commission chargée d'examiner et de proposer au ministre le classement des industries et commerces et la répartition des sièges entre les diverses catégories professionnelles.

Cette commission se réunit dans la ville où siège la chambre

(1) *Loi du 9 avril 1898.* — Art. 8. — Les chambres de commerce nomment, parmi leurs membres, un président, un ou deux vice-présidents, un secrétaire-trésorier ou un secrétaire et un trésorier. Exceptionnellement, la chambre de commerce de Paris peut nommer plusieurs vice-présidents et un second secrétaire. Les nominations sont faites à la majorité absolue des membres en exercice.

Le bureau est renouvelé après les élections partielles biennales. Les membres sortants sont rééligibles.

En cas de décès ou de démission d'un membre du bureau dans l'intervalle des élections, il est immédiatement pourvu à la vacance.

Le préfet ou le sous-préfet suivant les localités ont entrée à la chambre de commerce et ils y ont voix consultative.

de commerce et naturellement dans les locaux de cette compagnie.

La commission se compose :

1° De trois membres délégués par le conseil général du département ;

2° Du président et de deux juges délégués par le tribunal de commerce de la ville où siège la chambre ;

3° Des présidents des autres tribunaux de commerce de la circonscription ;

4° Enfin du président et de deux membres délégués par la chambre de commerce intéressée.

Comme les propositions tendant à la répartition des sièges doivent me parvenir au moins six mois avant le renouvellement intégral de décembre, c'est-à-dire au plus tard le 1er juin 1908, il est indispensable que les commissions se réunissent dès les premiers jours du mois de mai. Vous devrez donc, sans tarder, demander aux corps désignés par la loi, et notamment au conseil général, de choisir à bref délai ceux de leurs membres qui seront appelés à y siéger.

Dès sa première séance, dont vous fixerez la date, la commission procédera à l'élection de son bureau, qui ne me paraît devoir comprendre qu'un président et un secrétaire. Des procès-verbaux de ses séances devront être régulièrement établis et joints au dossier qui sera adressé à mon administration.

Si la loi laisse aux commissions une certaine latitude pour présenter une organisation des collèges électoraux adaptée aux besoins de chaque région industrielle ou commerciale, elles n'en sont pas moins obligées pour justifier leurs propositions de se fonder sur le montant de la contribution des patentes (droit fixe et droit proportionnel), sur le nombre des ouvriers et employés et sur l'importance économique révélée par l'outillage, les moyens de production ou le chiffre d'affaires.

Afin de faciliter l'œuvre de ces commissions, pour les renseignements relatifs à la contribution des patentes, j'ai demandé à M. le ministre des finances de vouloir bien donner des instructions à l'administration des contributions directes pour que les directions départementales fournissent une copie, par commune, de la matrice des patentes limitée à l'indication des noms, prénoms, demeures et professions imposables des patentables, du tableau et de la classe dont ils font partie, ainsi que du montant des droits en principal auquel chacun d'eux est assujetti.

J'ai prié mon collègue de donner également des instructions pour que, au cas où les commissions dont il s'agit solliciteraient des explications verbales concernant les documents fournis par les directeurs départementaux des contributions directes, ces fonctionnaires fussent autorisés à les leur donner. Vous aurez d'ailleurs à vous entendre avec ces derniers pour que les documents susvisés puissent être mis en temps utile à la disposition des commissions.

En ce qui touche les renseignements sur la population active, votre préfecture a reçu les résultats du recensement professionnel de 1901 qui donnent par département le dénombrement de la population active divisée en sections et en catégories professionnelles ; ces documents indiquent également les principales industries de chaque département, le nombre des chefs d'industries et de leurs ouvriers et employés.

Je reconnais que ces indications seront difficilement utilisables lorsque les circonscriptions des chambres ne correspondront pas aux limites d'un département, mais dans ce cas il sera possible d'avoir recours aux renseignements dont les chambres syndicales patronales disposent et qu'elles fournissent trimestriellement à l'Office du travail et, en outre, aux statistiques établies récemment pour l'organisation des conseils de prud'hommes.

De même que pour les patentes, je vous recommande de mettre à la disposition des commissions les renseignements dont il s'agit ainsi que tous ceux du même ordre que votre administration pourrait posséder.

Les commissions étant en possession de ces renseignements, il serait désirable que, pour appuyer leurs propositions, elles établissent des états statistiques qui faciliteraient l'examen de l'administration supérieure.

En outre, dans le rapport présenté à l'appui d'une demande de fractionnement d'un collège électoral, il sera indispensable d'indiquer, autant que possible, le montant des capitaux engagés dans les entreprises, le chiffre des salaires, en un mot tous les indices permettant de mesurer la puissance productive des industries en cause.

Il paraît superflu de dire que les industries ou commerces groupés dans une même catégorie devront avoir entre eux soit une certaine affinité dans les moyens de production ou dans l'organisation du travail, soit des intérêts communs ou de même ordre.

11° Nombre des membres. — La loi du 19 février 1908 a porté à douze le nombre minimum des membres des chambres de commerce, c'est donc sur ce chiffre que seront établies les propositions de la commission de répartition pour les chambres ne comprenant actuellement que neuf membres.

En ce qui concerne les autres chambres, ainsi que cela a été spécifié au cours de la discussion devant le Sénat, le nombre de leurs membres sera également augmenté de trois unités, et les commissions feront état de cette augmentation dans leurs propositions ; mais ce ne sera que dans des cas particuliers et à la condition de justifier d'un intérêt économique exceptionnel que le nombre des membres pourra être accru d'autres unités.

12° Transmission des propositions de répartition. — Lorsque la commission proposera de répartir en catégories les sièges d'une chambre, vous aurez à me transmettre immédiatement ses propositions accompagnées de votre avis motivé. Après examen par mon administration, j'en saisirai le Conseil d'État, et ce n'est qu'après l'avis émis par cette haute assemblée, qu'un décret pourra intervenir pour rendre effective la répartition dont il s'agit.

13° Confection des listes électorales par catégories personnelles. — Vote. — Lorsque les sièges seront définitivement répartis par catégories professionnelles, il vous appartiendra de faire procéder à l'établissement de listes électorales correspondant à chacune de ces catégories. Les opérations électorales seront faites d'après ces listes, les électeurs ne pouvant voter que dans la catégorie où ils seront rangés, et leur choix ne pouvant se porter que sur un électeur de cette catégorie conformément à l'article 3, § 9.

Cette confection des listes spéciales doit donc être faite avec le plus grand soin, de façon à éviter des erreurs qui seraient de nature à vicier les opérations électorales.

Quant à l'organisation du scrutin, pour le renouvellement intégral de décembre prochain, on devra disposer d'autant d'urnes qu'il y aura de catégories et dans chaque catégorie l'élection se fera au scrutin de liste ; pour les renouvellements partiels subséquents, il devra y avoir dans chaque catégorie autant d'urnes qu'il y aura de mandats de durées différentes.

14° Unité du collège électoral. — Tout en prévoyant la possibilité de rompre l'unité de liste électorale, la loi a reconnu qu'en certains cas il pourrait être décidé qu'il n'y aurait pas de catégories professionnelles.

A cet effet, son article 4 dispose que la commission instituée par l'article 3 peut, à la majorité des trois quarts, décider qu'il n'y aura pas de catégories.

Il y a lieu de remarquer que le nombre des membres d'une commission peut ne pas être un multiple de 4 ; en ce cas, le nombre de voix nécessaire pour atteindre la majorité requise sera, suivant la pratique généralement suivie, égale au nombre entier immédiatement supérieur au quotient fractionnaire en divisant le nombre des membres de la commission par trois quarts.

Lorsque la commission est d'avis qu'il n'y a lieu de diviser le corps électoral, sa décision, à l'inverse de ce qui se passe en cas de répartition, n'est pas préparatoire, elle a un caractère définitif et il vous suffira d'émettre un arrêté pour la rendre exécutoire.

Pour le renouvellement de décembre prochain, le vote aura lieu au scrutin de liste au moyen d'une seule urne et, pour les renouvellements partiels ultérieurs, il sera disposé autant d'urnes qu'il y aura de mandats de durées différentes.

15° Durée de l'organisation électorale. — Dans l'un et l'autre cas, c'est-à-dire qu'il ait été créé ou non des catégories, l'organisation de la chambre ne pourra être modifiée que six années après la date du décret ou de l'arrêté préfectoral dont il est question plus haut ; la modification de l'organisation intérieure existante entraînera alors un renouvellement intégral.

III

DISPOSITIONS GÉNÉRALES

16° Contribution spéciale. — Désormais tous les patentés des tableaux A, B et C paient la contribution spéciale destinée à subvenir aux dépenses des chambres et des bourses de commerce proportionnellement aux chiffres représentant le principal de leurs patentes (droit fixe et droit proportionnel). Toutefois, par application des dispositions de l'article 14 de la loi du 23 juillet 1820, les frais relatifs aux bourses de commerce ne sont supportés que par les patentés des tableaux A, B et C de la ville où elles sont établies [1].

Ces dispositions inscrites dans l'article 7 seront applicables seulement à partir de l'année 1909.

17° Date d'application de la loi. — Aux termes de l'article 9, §§ 1 et 2, il sera procédé au renouvellement général des chambres de commerce dans le courant de décembre 1908. La loi sera exécutoire à partir de ce renouvellement.

---

(1) Il n'est pas dérogé au régime spécial de la bourse de commerce de Paris.

18° Répartition des membres entre les séries. — Le paragraphe 3 de l'article 9 est ainsi conçu :

« A la suite du renouvellement général, les membres de chacune des catégories établies en exécution de l'article 3 seront distribués, autant que possible, dans une proportion égale entre les séries prévues par l'article 5 de la loi du 9 avril 1898 et l'ordre de renouvellement desdites séries sera réglé par le sort. »

Il résulte en premier lieu de ce texte que, si les sièges d'une chambre n'ont pas été répartis en catégories, le classement des membres entre les trois séries se fera comme actuellement, c'est-à-dire par un simple tirage au sort.

Lorsqu'il aura été créé des catégories professionnelles, le classement sera opéré d'une manière un peu différente ; le législateur a voulu, en effet, que les pouvoirs des membres d'une même catégorie ne fussent pas renouvelés simultanément : ainsi, si une catégorie comprend trois membres, chacun fera partie d'une des trois séries ; c'est pour ce motif qu'il a édicté un texte se rapprochant sensiblement des prescriptions de l'article 21 de la loi du 10 août 1871 qui règle une situation analogue en ce qui concerne les conseils généraux.

Il appartiendra donc aux chambres intéressées, aussitôt après l'installation des membres élus à la suite du renouvellement intégral de décembre prochain, de diviser ces membres en trois séries, comprenant chacune autant d'unités, entre lesquelles seront répartis, autant que possible dans une proportion égale, les sièges des catégories professionnelles.

Ces trois séries constituées, les chambres procéderont à un tirage au sort pour régler l'ordre de leur renouvellement. La composition des séries restera la même tant qu'il n'y aura pas eu de renouvellement intégral.

CHAMBRES CONSULTATIVES DES ARTS ET MANUFACTURES

La loi du 19 février 1908 ne se borne pas à réglementer les élections des chambres de commerce ; elle vise également celles des chambres consultatives des arts et manufactures. Il en résulte que toutes les indications qui viennent d'être données en ce qui touche le régime électoral, la répartition des sièges en catégories professionnelles et les dispositions générales sont de plein droit applicables à ces compagnies.

Mais vous n'ignorez pas que ces chambres consultatives qui, à l'origine, étaient destinées à servir d'organes officiels de l'industrie, ont vu, surtout depuis la loi du 9 avril 1898 qui a prescrit qu'il y aurait au moins une chambre de commerce par département, leur rôle singulièrement s'amoindrir; leurs attributions sont très limitées; elles se bornent à donner des renseignements ou des avis et un certain nombre d'entre elles n'ont que de rares relations avec l'administration supérieure.

Vous aurez à examiner, à l'occasion de l'application du nouveau régime électoral, si quelques-unes de ces compagnies, qui n'ont conservé qu'une vitalité insuffisante, ne doivent pas être supprimées; en ce cas, vous auriez à procéder à l'enquête prescrite en pareille matière et à consulter notamment tous les corps et assemblées dont l'avis a été demandé lors de la création de ces chambres consultatives.

Telles sont les indications qu'il m'a paru nécessaire de porter à votre connaissance pour vous permettre d'assurer l'application de la loi du 19 février 1908 sur le régime électoral des chambres de commerce et des chambres consultatives des arts et manufactures.

Si des questions nouvelles étaient soulevées, vous voudriez bien m'en saisir pour que je puisse vous adresser sans retard mes instructions.

Le ministre du commerce et de l'industrie,
Jean Cruppi.

Loi

relative à l'élection des chambres de commerce et des chambres consultatives des arts et manufactures

Du 19 février 1908 (1)

Art. 1. — Les membres des chambres de commerce et des chambres consultatives des arts et manufactures sont Français; ils sont soumis aux conditions d'éligibilité déterminées par la loi du 8 décembre 1883 et relatives aux tribunaux de commerce.

Art. 2. — Les membres des chambres de commerce et des chambres consultatives, lorsque la circonscription de ces chambres est la même que le ressort d'un tribunal de commerce, sont nommés par les mêmes électeurs que les présidents et les juges titulaires ou suppléants des tribunaux

(1) Cette loi a été promulguée et publiée au *Journal officiel* le 14 mars 1908.

de commerce et dans des conditions identiques, sans dérogation toutefois aux dispositions de la loi du 9 avril 1898, relative aux chambres de commerce et aux chambres consultatives des arts et manufactures.

Quand ces chambres comprennent dans leur circonscription plusieurs tribunaux de commerce, ou seulement une fraction de circonscription de tribunal de commerce, il est procédé à l'élection de leurs membres d'après les listes dressées pour ces tribunaux ou cette fraction de circonscription.

A défaut de tribunal de commerce dans les arrondissements ou cantons compris dans la circonscription d'une chambre, il est dressé pour lesdits arrondissements des listes d'électeurs d'après les bases déterminées par la loi du 8 décembre 1883.

Art. 3. — Les sièges des chambres de commerce et ceux des chambres consultatives seront répartis soit entre les industries ou groupes d'industries et les commerces ou groupes de professions commerciales, soit entre des groupements comprenant à la fois des professions industrielles et des professions commerciales, en tenant compte du montant des patentes, de la population active et de l'importance économique de ces industries, commerces ou groupes dans la circonscription.

Le classement des industries, commerces ou groupes et la répartition des sièges entre eux seront proposés au ministre du commerce six mois avant le renouvellement général prévu dans la présente loi, par une commission réunie dans la localité où siège la chambre et composée comme suit :

1° Trois membres délégués du conseil général du département ;

2° Le président et deux juges délégués du tribunal de commerce de la ville où siège la chambre ;

3° Les présidents des autres tribunaux de commerce de la circonscription ;

4° Le président et deux membres délégués de la chambre intéressée.

Il sera procédé ensuite aux classements et aux répartitions par décrets rendus en la forme des règlements d'administration publique, sur la proposition du ministre du commerce.

La liste des électeurs appartenant à chaque catégorie sera dressée par arrêté du préfet.

L'élection aux sièges d'une catégorie sera faite exclusivement par les électeurs de cette catégorie. Nul ne pourra être élu que dans sa catégorie.

Les classements et les répartitions établis ainsi qu'il vient d'être dit ne pourront être modifiés pendant une période de six années.

Pour toute demande de répartition postérieure au renouvellement général prévu par la présente loi, il sera procédé comme il a été dit ci-dessus.

Toute nouvelle répartition entraînera le renouvellement intégral de la chambre. En ce cas seront observées les prescriptions du dernier alinéa de l'article 9 de la présente loi.

Le nombre des membres d'une chambre de commerce ne pourra être inférieur à douze ni excéder vingt-quatre, sauf à Paris où il pourra s'élever jusqu'à quarante.

Art. 4. — Par dérogation au principe posé dans l'article précédent, lorsque la commission instituée par cet article décidera, à la majorité des trois quarts, qu'il n'y aura pas de catégories, un arrêté préfectoral rendra cette décision exécutoire.

Après cette modification à l'organisation du corps électoral, aucune autre ne pourra y être apportée, pour ou contre la répartition, qu'après un intervalle de six ans.

A la suite de chacune de ces modifications et dans le mois de décembre qui suivra la publication de l'arrêté du préfet au *Recueil des Actes administratifs,* la chambre sera renouvelée intégralement.

En cas de suppression des catégories, seront réglés par le sort la distribution des membres de la chambre entre les séries prévues par l'article 5 de la loi du 9 avril 1898 et l'ordre de renouvellement des séries. En cas de rétablissement des catégories, les membres de chacune des catégories seront distribués, autant que possible, dans une proportion égale entre les séries et l'ordre de renouvellement des séries sera réglé par le sort.

Art. 5. — Toute candidature fera l'objet d'une déclaration à la préfecture ou à la sous-préfecture de l'arrondissement où siège la chambre, cinq jours au moins avant le vote. Récépissé de la déclaration sera délivré au candidat par les soins du préfet ou du sous-préfet.

Les suffrages accordés à tout candidat n'ayant pas fait la déclaration n'entreront pas en compte dans le résultat du scrutin.

Art. 6. — Les contributions spéciales destinées à subvenir aux dépenses des bourses et des chambres de commerce et dont la perception a été autorisée par l'article 11 de la loi du 23 juillet 1820 seront réparties entre tous les patentés des tableaux A, B et C, proportionnellement aux chiffres représentant le principal de leurs patentes.

Art. 7. — Le président de chaque assemblée proclame le résultat de l'élection et transmet immédiatement au préfet le procès-verbal des opérations électorales.

Dans les vingt-quatre heures de la réception des procès-verbaux, le résultat général de l'élection est constaté par une commission siégeant à la préfecture et composée ainsi qu'il suit :

Le préfet, président ;

Le conseiller général du chef-lieu du département, et, dans le cas où le chef-lieu est divisé en plusieurs cantons, le plus âgé des conseillers du chef-lieu ; en cas d'absence ou d'empêchement des conseillers généraux, le conseiller d'arrondissement ou le plus âgé des conseillers d'arrondissement du chef-lieu ;

Le maire du chef-lieu du département, ou l'un de ses adjoints, en cas d'empêchement ou d'absence du maire.

Le préfet transmet, immédiatement après la clôture des opérations de la commission, le résultat des élections au président en exercice de la chambre de commerce ou de la chambre consultative des arts et manufactures.

Dans les cinq jours de l'élection, tout électeur aura le droit d'élever des réclamations sur la régularité et la sincérité de l'élection.

Le préfet aura le même droit dans les cinq jours qui suivront la constatation du résultat général de l'élection.

L'article 12 de la loi du 8 décembre 1883 sur les tribunaux de commerce est applicable aux élections des chambres de commerce et des chambres consultatives des arts et manufactures.

Les contestations sur la validité des élections sont jugées par le conseil de préfecture, sauf recours devant le Conseil d'État, à la requête des intéressés ou du préfet.

Dans les quinze jours qui suivent l'élection, le préfet procède à l'installation des membres élus et transmet le procès-verbal de cette installation au ministre du commerce.

Art. 8. — Sont et demeurent abrogés le décret du 22 janvier 1872, l'article 8 de l'arrêté du 3 nivôse an XI et toutes autres dispositions contraires à la présente loi.

Art. 9. — Il sera procédé au renouvellement général des chambres de commerce et des chambres consultatives des arts et manufactures dans le courant du mois de décembre 1908, date fixée pour leur renouvellement partiel par la loi du 9 avril 1898.

La présente loi sera exécutoire à partir de ce renouvellement et pour ce renouvellement.

A la suite du renouvellement général, les membres de chacune des catégories établies en exécution de l'article 3 seront distribués, autant que possible, dans une proportion égale entre les séries prévues par l'article 3 de la loi du 9 avril 1898 et l'ordre de renouvellement entre lesdites séries sera réglé par le sort.

Loi

relative à l'élection des membres des tribunaux de commerce

Du 8 décembre 1883 (1)

Art. 1. — Les membres des tribunaux de commerce seront élus par les citoyens français, commerçants patentés ou associés en nom collectif depuis cinq ans au moins, capitaines au long cours et maîtres de cabotage, ayant commandé des bâtiments pendant cinq ans, directeurs des compagnies françaises anonymes de finance, de commerce et d'industrie, agents de change et courtiers d'assurances maritimes, courtiers de marchandises, courtiers interprètes et conducteurs de navires institués en vertu des articles 77, 79 et 80 du Code de commerce, les uns et les autres après cinq années d'exercice, et tous, sans exception, devant être domiciliés depuis cinq ans au moins dans le ressort du tribunal.

Sont également électeurs, dans leurs ressorts, les membres anciens ou en exercice des tribunaux et des chambres de commerce, des chambres consultatives des arts et manufactures, les présidents anciens ou en exercice des conseils de prud'hommes (complété par la loi du 23 janvier 1898) (2).

Art. 2. — Ne pourront participer à l'élection :

1° Les individus condamnés soit à des peines afflictives et infamantes, soit à des peines correctionnelles, pour faits qualifiés crimes par la loi ;

2° Ceux qui ont été condamnés pour vol, escroquerie, abus de confiance, soustractions commises par les dépositaires de deniers publics, attentats aux mœurs ;

3° Ceux qui ont été condamnés à l'emprisonnement pour délit d'usure, pour infraction aux lois sur les maisons de jeu, sur les loteries et les maisons de prêt sur gages, ou par application de l'article 1 de la loi du 27 mars 1851, de l'article 1 de la loi du 5 mai 1855 (3), des articles 7 et 8

---

(1) Cette loi a été promulguée au *Journal officiel* du 10 décembre 1883.

(2) *Loi du 23 janvier 1898. — Article unique.* — L'article 1 de la loi du 8 décembre 1883 est complété par la disposition suivante :

« Les femmes qui remplissent les conditions énoncées dans les paragraphes précédents seront inscrites sur la liste électorale ; néanmoins elles ne pourront être appelées à faire partie d'un tribunal de commerce. »

(3) Voir la loi du 1er août 1905, article 14.

de la loi du 23 juin 1857, et de l'article 1 de la loi du 27 juillet 1867 ;

4° Ceux qui ont été condamnés à l'emprisonnement par application des lois du 17 juillet 1857, du 23 mai 1863 et du 24 juillet 1867 sur les sociétés ;

5° Les individus condamnés pour les délits prévus aux articles 400, 413, 414, 417, 418, 419, 420, 421, 423, 433, 439, 443 du Code pénal, et aux articles 594, 596 et 597 du Code de commerce ;

6° Ceux qui ont été condamnés à un emprisonnement de six jours au moins ou à une amende de plus de mille francs pour infraction aux lois sur les douanes, les octrois et les contributions indirectes, et à l'article 5 de la loi du 4 juin 1859 sur le transport, par la poste, des valeurs déclarées ;

7° Les notaires, greffiers et officiers ministériels destitués en vertu de décisions judiciaires ;

8° Les faillis non réhabilités dont la faillite a été déclarée soit par les tribunaux français, soit par des jugements rendus à l'étranger, mais exécutoires en France (1) ;

9° Et généralement tous les individus privés du droit de vote dans les élections politiques.

Art. 3. — Tous les ans, la liste des électeurs du ressort de chaque tribunal sera dressée pour chaque commune par le maire, assisté de deux conseillers municipaux désignés par le conseil, dans la première quinzaine du mois de septembre ; elle comprendra tous les électeurs qui rempliront, au 1er septembre, les conditions exigées par les articles précédents.

Art. 4. — Le maire enverra la liste ainsi préparée au préfet ou au sous-préfet, qui fera déposer la liste générale au greffe du tribunal de commerce et la liste spéciale de chacun des cantons du ressort au greffe de chacune des justices de paix correspondantes : l'un et l'autre dépôts devant être effectués trente jours au moins avant l'élection. L'accomplissement de ces formalités sera annoncé, dans le même délai, par affiches apposées à la porte de la mairie de chaque commune du ressort du tribunal.

Ces listes électorales seront communiquées sans frais à toute réquisition.

Art. 5. — Pendant les quinze jours qui suivront le dépôt des listes, tout commerçant patenté du ressort, et en général

(1) *Loi du 30 décembre 1903, modifiée par la loi du 23 mars 1908.* — Art. 1. — Les faillis non condamnés pour banqueroute simple ou frauduleuse ne peuvent être inscrits sur la liste électorale pendant trois ans à partir de la déclaration de faillite.

Ils ne sont éligibles qu'après réhabilitation.

tout ayant droit compris dans l'article 1 pourra exercer ses réclamations, soit qu'il se plaigne d'avoir été indûment omis, soit qu'il demande la radiation d'un citoyen indûment inscrit. Ces réclamations seront portées devant le juge de paix du canton, par simple déclaration au greffe de la justice de paix du domicile de l'électeur dont la qualité sera mise en question. Cette déclaration se fera sans frais et il en sera donné récépissé.

Le juge de paix statuera sans opposition ni appel dans les dix jours, sans frais ni forme de procédure, et sur simple avertissement donné par les soins du juge de paix lui-même à toutes les parties intéressées.

La sentence sera, le jour même, transmise au maire de la commune de l'intéressé, lequel en fera audit intéressé la notification dans les vingt-quatre heures de la réception.

Toutefois, si la demande portée devant le juge de paix implique la solution préjudicielle d'une question d'état, il renverra préalablement les parties à se pourvoir devant les juges compétents, et fixera un bref délai dans lequel la partie qui aura élevé la question préjudicielle devra justifier de ses diligences. Il sera procédé, en ce cas, conformément aux articles 855, 857 et 858 du Code de procédure.

Les actes judiciaires auxquels l'instance devant le juge de paix donnera lieu ne seront pas soumis au timbre et seront enregistrés gratis.

Art. 6. — La décision du juge de paix pourra être déférée à la Cour de cassation dans tous les cas par ceux qui y auront été parties, et, en outre, dans le cas où le jugement ordonnerait l'inscription, sur la liste, d'une personne qui n'y figurait pas, par tout électeur inscrit sur la liste électorale.

Le pourvoi ne sera recevable que s'il est formé dans les dix jours de la notification de la décision. Il ne sera pas suspensif. Il sera formé par simple requête, dénoncé aux défendeurs dans les dix jours qui suivront, et jugé d'urgence, sans frais ni consignation d'amende. L'intermédiaire d'un avocat à la Cour de cassation ne sera pas obligatoire.

Les pièces et mémoires fournis par les parties seront transmis sans frais par le greffier de justice de paix au greffier de la Cour de cassation.

La chambre civile de la Cour de cassation statuera définitivement sur le pourvoi.

Art. 7. — La liste rectifiée, s'il y a lieu, par suite de décisions judiciaires sera close définitivement dix jours avant l'élection. Cette liste servira pour toutes les élections de l'année.

Art. 8. — Sont éligibles aux fonctions de président, de juge et de juge suppléant tous les électeurs inscrits sur la liste électorale, âgés de trente ans, et les anciens commerçants français ayant exercé leur profession pendant cinq ans au moins dans l'arrondissement et y résidant.

Toutefois nul ne pourra être élu président s'il n'a exercé pendant deux ans les fonctions de juge titulaire, et nul ne pourra être nommé juge s'il n'a été juge suppléant pendant un an.

Art. 9. — Le vote aura lieu par canton à la mairie du chef-lieu. Dans les villes divisées en plusieurs cantons, le maire désignera, pour chaque canton, le local où s'effectueront les opérations électorales et déléguera, pour y présider, l'un de ses adjoints ou l'un des conseillers municipaux.

L'assemblée électorale sera convoquée par le préfet du département dans la première quinzaine de décembre au plus tard. Elle sera présidée par le maire ou son délégué, assisté de quatre électeurs, qui seront les deux plus âgés et les deux plus jeunes des membres présents. Le bureau ainsi composé nomme un secrétaire pris dans l'assemblée. Il statue sur toutes les questions qui peuvent s'élever dans le cours de l'élection.

Cette assemblée pourra être divisée en plusieurs sections par arrêté du préfet, sur l'avis conforme du conseil général, dans les localités où cette division sera jugée nécessaire.

Le préfet pourra, par arrêté pris sur l'avis conforme du conseil général, convoquer les électeurs de deux cantons au chef-lieu de l'un de ces cantons en une seule assemblée électorale, qui sera présidée par le maire de ce chef-lieu.

Art. 10. — Le président sera élu au scrutin individuel.

Les juges titulaires et les juges suppléants seront nommés au scrutin de liste, mais par des bulletins distincts déposés dans des boîtes séparées.

Ces élections auront lieu simultanément.

Aucune élection ne sera valable au premier tour de scrutin si les candidats n'ont pas obtenu la majorité des suffrages exprimés, et si cette majorité n'est pas égale au quart des électeurs inscrits.

Si la nomination n'a pas été obtenue au premier tour, un scrutin de ballottage aura lieu quinze jours après, et la majorité relative suffira, quel que soit le nombre des suffrages.

La durée de chaque scrutin sera de six heures ; il s'ouvrira à 10 heures du matin et sera fermé à 4 heures du soir.

Art. 11. — Le président de chaque assemblée proclame le résultat de l'élection et transmet immédiatement au préfet le procès-verbal des opérations électorales.

Dans les vingt-quatre heures de la réception des procès-verbaux, le résultat général de l'élection de chaque ressort est constaté par une commission siégeant à la préfecture et composée ainsi qu'il suit :

Le préfet, président ;

Le conseiller général du chef-lieu du département, et, dans le cas où le chef-lieu est divisé en plusieurs cantons, le plus âgé des conseillers généraux du chef-lieu ; en cas d'absence ou d'empêchement des conseillers généraux, le conseiller d'arrondissement ou le plus âgé des conseillers d'arrondissement du chef-lieu ;

Le maire du chef-lieu du département ou l'un de ses adjoints, en cas d'empêchement ou d'absence.

Dans les trois jours qui suivront les constatations des résultats électoraux par la commission ainsi composée, le préfet transmettra au procureur général près la cour d'appel une copie certifiée du procès-verbal de l'ensemble des constatations et une autre copie, également certifiée, à chacun des greffiers des tribunaux de commerce du département.

Le préfet transmettra également le résultat des opérations électorales à tous les maires des chefs-lieux de canton, qui devront les faire afficher à la porte de la maison commune.

Dans les cinq jours de l'élection, tout électeur aura le droit d'élever des réclamations sur la régularité et la sincérité de l'élection. Dans les cinq jours de la réception du procès-verbal, le procureur général aura le même droit.

Ces réclamations seront communiquées aux citoyens dont l'élection serait attaquée et qui auront le droit d'intervenir dans les cinq jours de la communication. Elles seront jugées sommairement et sans frais dans la quinzaine par la cour d'appel dans le ressort de laquelle l'élection a eu lieu. L'opposition ne sera pas admise contre l'arrêt rendu par défaut et qui devra être signifié.

Le pourvoi en cassation contre l'arrêt ne sera recevable que s'il est formé dans les dix jours de la signification. Il aura un effet suspensif et sera instruit suivant les formes indiquées à l'article 6.

Art. 12. — La nullité partielle ou absolue de l'élection ne pourra être prononcée que dans les cas suivants :

1° Si l'élection n'a pas été faite selon les formes prescrites par la loi ;

2° Si le scrutin n'a pas été libre, ou s'il a été vicié par des manœuvres frauduleuses ;

3° S'il y a incapacité légale dans la personne de l'un ou de plusieurs des élus.

Sont applicables aux élections faites en vertu du présent article les dispositions des articles 98, 99, 100, 102, 103, 104, 105, 106, 107, 108, 109, 110, 112, 113, 114, 116,

117, 118, 119, 120, 121, 122, 123 de la loi du 15 mars 1849.

Art. 13. — L'article 623 du Code de commerce est maintenu ; toutefois le président, quel que soit, au moment de son élection, le nombre de ses années de judicature comme juge titulaire, pourra toujours être élu pour deux années, à l'expiration desquelles il pourra être réélu pour une seconde période de même durée.

Art. 14. — Dans la quinzaine de la réception du procès-verbal, s'il n'y a pas de réclamations, ou dans la huitaine de l'arrêt statuant sur les réclamations, le procureur général invite les élus à se présenter à l'audience de la cour d'appel, qui procède publiquement à leur réception et en dresse procès-verbal consigné dans ses registres.

Si la cour ne siège pas dans l'arrondissement où le tribunal de commerce est établi, et si les élus le demandent, elle peut commettre, pour leur réception, le tribunal civil de l'arrondissement, qui y procédera en séance publique, à la diligence du procureur de la République.

Le procès-verbal de cette séance est transmis à la cour d'appel, qui en ordonne l'insertion dans ses registres. Le jour de l'installation publique du tribunal de commerce, il est donné lecture du procès-verbal de réception.

Art. 15. — Le rang à prendre dans le tableau des juges et des suppléants sera fixé par l'ancienneté, c'est-à-dire par le nombre des années de judicature avec ou sans interruption, et, entre les juges élus pour la première fois et par le même scrutin, par le nombre de voix que chacun d'eux aura obtenu dans l'élection, et en cas d'égalité de suffrages la priorité appartiendra au plus âgé.

Les jugements seront rendus par trois juges au moins : un juge titulaire fera nécessairement partie du tribunal, à peine de nullité.

Art. 16. — Lorsque, par suite de récusation ou d'empêchement, il ne restera pas un nombre suffisant de juges ou de suppléants, le président du tribunal tirera au sort, en séance publique, les noms des juges complémentaires pris dans une liste dressée annuellement par le tribunal.

Cette liste, où ne seront portés que des éligibles ayant leur résidence dans la ville ou, en cas d'insuffisance, des électeurs ayant légalement leur résidence dans la ville où siège le tribunal, sera de cinquante noms pour Paris, de vingt-cinq noms pour les tribunaux de neuf membres et de quinze noms pour les autres tribunaux.

Les juges complémentaires seront appelés dans l'ordre fixé

par un tirage au sort, fait en séance publique, par le président du tribunal, entre tous les noms de la liste.

ART. 17. — Dans les villes de Paris et de Lyon, il y aura autant de collèges électoraux qu'il y a d'arrondissements.

Le vote aura lieu dans chaque mairie d'arrondissement, sur les listes électorales dressées conformément aux dispositions de la présente loi.

Dans les circonscriptions suburbaines comprises dans les départements de la Seine et du Rhône, les élections auront lieu au chef-lieu de canton, conformément aux règles précédemment établies.

ART. 18. — Il sera procédé à une élection générale dans les formes et délais prescrits par la présente loi.

A cette première élection, le président, la moitié des juges et des suppléants, dont le tribunal sera composé, seront nommés pour deux ans ; — la seconde moitié des juges et des suppléants sera nommée pour un an ; — aux élections postérieures, toutes les nominations seront faites pour deux ans; — le tout conformément aux dispositions de l'article 622 du Code de commerce.

Les présidents et juges en exercice au moment où aura lieu cette élection seront éligibles, sans qu'il soit tenu compte des années de judicature pendant lesquelles ils ont exercé leurs fonctions.

ART. 19. — Les pouvoirs des juges actuels sont maintenus jusqu'à l'installation de ceux qui doivent les remplacer.

ART. 20. — Il sera statué par une loi spéciale sur le mode d'élection des chambres de commerce et des chambres consultatives des arts et manufactures.

ART. 21. — Toutes dispositions antérieures qui seraient contraires à la présente loi sont et demeurent abrogées.

Nancy, impr. Berger-Levrault et Cie

Publications du Ministère du Travail et de la Prévoyance sociale

Conseil supérieur du travail

2e SESSION (1892). — *Compte rendu.* — *Rapports :* ***Organisation du crédit populaire*** (MM. LABEYRIE et DELAHAYE). — ***Sociétés coopératives de crédit*** (M. LYON-CAEN). — ***Habitations ouvrières*** (M. SIEGFRIED). — ***Musée d'économie sociale*** (M. LINDER). — ***Règlements d'atelier*** (M. KEUFER). — ***Pétition des typographes de Lyon.*** — Un volume in-4 de 252 pages . . . . 3 fr.

3e et 4e SESSIONS (décembre 1893-janvier 1894). — *Compte rendu.* — *Rapport* sur ***l'organisation du crédit populaire*** (M. MANY). — Un volume in-4 de 341 pages. 3 fr. 30

5e SESSION (1895). — *Compte rendu.* — *Rapport* sur la ***création de chambres de travail*** (M. DEPASSE). — Un volume in-4 de 164 pages. . . . . 2 fr. 25

6e SESSION (1896). — *Compte rendu.* — *Rapports :* ***L'insaisissabilité des pensions ouvrières*** (M. PAULET). — ***La question du chômage*** (MM. MORON, FINANCE et KEUFER). — Un volume in-4 de 143 pages. . . . . 1 fr. 80

— ***Statistique des travaux de secours en cas de chômage (1896, 1897, 1898)*** [note de l'Office du travail]. — Une brochure in-4 de 23 pages (1899) . . . . 1 fr.

7e SESSION (1897). — *Compte rendu.* — *Rapport* sur le ***système actuel des adjudications*** (M. KEUFER). — ***Note*** de l'Office du travail ***sur le minimum de salaire dans les travaux publics.*** — Un volume in-4 de 299 pages. . . . . 3 fr.

8e SESSION (1898). — *Compte rendu.* — *Rapport* sur le ***marchandage*** (M. GOY). — ***Note*** de l'Office du travail ***sur le marchandage.*** — Un volume in-4 de 127 pages . . 1 fr. 80

9e SESSION (1900). — ***Enquête sur la législation des conseils de prud'hommes*** (Enquête de l'Office du travail). — Une brochure in-4 de 55 pages. . . . . 1 fr.

10e SESSION (1901). *Compte rendu.* — Un volume in-4 de 175 pages . . . . 2 fr. 25

— *Rapport* et documents sur la ***réglementation du travail*** dans les bureaux et magasins (M. DALLE) et dans les petites industries de l'alimentation (M. BARAFORT). — Un volume in-4 de 261 pages . . . . 3 fr.

— *Rapports* sur diverses modifications à la ***législation des prud'hommes*** et sur les ***renvois par suite de saisie-arrêt.*** — Une brochure in-4 de 28 pages . . . . . . 1 fr.

11e SESSION (1902). — *Compte rendu.* — Un volume in-4 de 147 pages . . . . . . 1 fr. 80

— ***Apprentissage :*** enquête et documents (rapport de M. BRIAT). — Un volume in-4 de 537 pages . . . . 4 fr. 50

— *Rapport* sur les modifications à apporter aux ***groupes professionnels*** du Conseil supérieur (M. FAGNOT). — Une brochure in-4 de 15 pages . . . . 1 fr.

12e SESSION (1903). — *Compte rendu.* — Un volume in-4 de 224 pages . . . . . . 2 fr. 70

— ***Les Caisses de chômage.*** — Un volume in-4 de 148 pages. . . . . 1 fr. 80

— ***Réglementation du travail dans les industries de transport*** (Rapport de M. MOREAU). — Un volume in-4 de 87 pages. . . . . 1 fr. 50

— ***Enquête et documents sur le Délai-congé.*** — Un vol. in-4 de 104 pages. 1 fr. 80

13e SESSION (1904). — ***Le Délai-congé*** (Rapport de M. MANOURY). — *Procès-verbaux et documents.* — Un volume in-4 de 52 pages. . . . . 1 fr. 50

— ***Le Repos hebdomadaire*** (Rapport de Mlle BLONDELU). — *Procès-verbaux des séances de la Commission.* — *Documents.* — Un volume in-4 de 75 pages. . . . . . 1 fr. 50

— *Compte rendu.* — Un volume in-4 de 251 pages. . . . . 2 fr. 70

14e SESSION (1905). — ***Délai-congé.*** *Compte rendu.* — Un volume in-4 de 153 pages. 1 fr. 80

15e SESSION (1905). — ***L'Enseignement professionnel*** (Rapport de M. BRIAT). — *Procès-verbaux des séances.* — Un volume in-4 de 163 pages . . . . 2 fr. 25

— ***Délai-congé.*** *Compte rendu.* — Un volume in-4 de 187 pages. . . . . 2 fr. 25

16e SESSION (1906). — ***L'Inspection du travail*** (Rapport de M. BOURDERON). — *Procès-verbaux des séances.* — *Documents.* — Brochure in-4 de 53 pages (1906). . . . 1 fr. 50

— *Compte rendu.* Novembre 1906. — Un volume in-4 de 262 pages . . . . 2 fr. 70

— ***L'Affichage des lois ouvrières*** (Rapport de M. PAILLOT). — *Procès-verbaux des séances.* — *Documents.* — Brochure in-4 de 11 pages . . . . 1 fr.

17e SESSION (1907). — ***L'Organisation du Conseil supérieur du travail.*** — Brochure in-4 de 11 pages . . . . 1 fr.

— ***La Protection du salaire en cas de faillite ou de déconfiture*** (Rapport de M. FAGNOT). — *Procès-verbaux et documents.* — Brochure in-4 de 40 pages . . . . . 1 fr.

— ***La Capacité commerciale des syndicats professionnels.*** Note de MM. COUPAT et KEUFER. — *Procès-verbaux et documents.* — Brochure in-4 de 28 pages . . . . 1 fr.

Bibliothèque d'Enseignement commercial

Dirigée par ***M. Georges PAULET***

PROFESSEUR A L'ÉCOLE DES SCIENCES POLITIQUES

Code annoté du Commerce et de l'Industrie. *Lois, décrets, règlements relatifs au commerce et à l'industrie,* avec un commentaire tiré des circulaires ministérielles, de la jurisprudence du Conseil d'État et de la Cour de cassation, par Georges Paulet, chef de bureau au ministère du commerce. 1891. Un vol. grand in-8 sur deux colonnes, br. **15** fr. Relié en demi-chagrin, plats toile . . . . **18** fr.

Code de Commerce et Lois commerciales usuelles, avec des notions de législation comparée, à l'usage des élèves des facultés de droit et des écoles de commerce, par E. Cohendy, professeur à la Faculté de droit et à l'école supérieure de commerce de Lyon. 4e édition. 1907. Un volume in-18, relié en percaline gaufrée . . . . **2** fr.

Recueil des Lois industrielles, avec des notions de législation comparée, à l'usage des élèves des facultés de droit et des écoles industrielles et commerciales, par E. Cohendy, professeur à la Faculté de droit et à l'école supérieure de commerce de Lyon. 4e édition. 1905. Un volume in-18, relié en percaline gaufrée . . . . **2** fr.

Les Tribunaux de commerce. Organisation, compétence, procédure, par A. Houyvet, docteur en droit, ancien agréé près le tribunal de commerce de la Seine, professeur de législation commerciale et industrielle à l'école supérieure de commerce de Paris, avec une préface de M. F. Rataud, professeur honoraire à la Faculté de droit de Paris. 1894. Un volume in-8, relié en percaline gaufrée . . . . **4** fr.

Principes généraux de Comptabilité, par E. Léautey, professeur de comptabilité, ancien chef de bureau au Comptoir national d'escompte, et A. Guilbault, ancien chef d'administration de la Société métallurgique de Vierzon. 2e édition. 1903. Un volume in-8, relié en percaline gaufrée . . . . **5** fr.

Manuel pratique des Opérations commerciales, par A. Dany, directeur de l'école supérieure de commerce du Havre, ancien chef de comptabilité, ancien professeur à la Société mutuelle des employés de commerce du Havre. 3e édition. 1907. Un volume in-8, relié en percaline gaufrée . . . . **5** fr.

Manuel de Géographie commerciale. *Étude économique des différentes parties du monde et particulièrement de la France,* par V. Deville, professeur agrégé au lycée Michelet et à l'Institut commercial. (*Ouvrage récompensé par la Société de géographie commerciale de Paris et autorisé pour les bibliothèques des lycées et collèges.*) 2e édition. 1904. Deux vol. in-8 avec graphiques et diagrammes, reliés en percaline gaufrée. **10** fr.

Précis d'Histoire du Commerce, par H. Cons, recteur de l'Académie de Poitiers, ancien professeur à la Faculté des lettres de Lille, à l'école supérieure de commerce de Lille et à l'institut industriel du Nord. 1896. Deux volumes in-8, reliés en percaline gaufrée. **8** fr.

Les Transports maritimes. Éléments de droit maritime appliqué, par Haumont et Levarey, avocats, professeurs à l'école supérieure de commerce du Havre. 2e édition. 1898. Un volume in-8, relié en percaline gaufrée. . . . . **4** fr.

Armements maritimes. Cours professé à l'école supérieure de commerce de Marseille, par C. Champenois, capitaine au long cours, ancien commandant aux Messageries maritimes. 1895. Deux volumes in-8, avec 140 figures, reliés en percaline gaufrée. . **10** fr.

Monnaies, poids et mesures des principaux pays du monde. *Traité pratique des différents systèmes monétaires et des poids et mesures, accompagné de renseignements sur les changes et les timbres d'effets de commerce, etc.,* par A. Lejeune, directeur de l'école supérieure de commerce de Marseille. 1894. Un volume in-8 . . . **5** fr. (*Épuisé.*)

Manuel de préparation aux concours d'entrée des Écoles supérieures de commerce, contenant le développement des programmes officiels des concours d'entrée (*arithmétique, algèbre, géométrie, physique, chimie,* par E. Drincourt; *géographie, histoire,* par V. Deville). 5e édition. 1904. Deux volumes in-8, reliés en percaline gaufrée . . . . **10** fr.

Annuaire de l'Enseignement commercial et industriel. 4e année, 1895 (dernière parue). Un volume in-18 de 760 pages, cartonné . . . . **3** fr.

Les frais de port en sus, à raison de **50** *centimes pour l'envoi par la poste d'un volume de* **4** *ou* **5** *fr.; plusieurs volumes peuvent être réunis dans un colis postal de 3 kilos* (**85** *centimes*), *ou 5 kilos* (**1** *fr.* **05**), *ou 10 kilos* (**1** *fr.* **50**).

Le Maroc. *Son état économique et commercial* (Mission du ministère du commerce), par Albert SALMON, avocat à la cour d'appel de Paris, et Edmond CHARLEVILLE. 1906. Un volume in-12, broché . . . . **3 fr. 50**

Mes Tournées commerciales aux pays scandinaves (1896-1900), par Prosper RAMON. 1901. Un volume in-12, broché . . . . **1 fr. 25**

La Hongrie économique, par Guillaume VAUTIER. 1893. Volume in-8 de 490 pages, avec carte, broché . . . . **10 fr.**

Le Commerce français en Orient : **La Serbie économique et commerciale**, par René MILLET, ancien ministre de France en Serbie, avec le concours du Mis DE TORCY. 1889. Volume in-8, avec 2 cartes, broché . . . . **5 fr.**

Le Commerce français en Orient : **Smyrne.** Situation commerciale et économique des pays compris dans la circonscription du consulat général de France, par F. ROUGON, consul général de France à Smyrne. 1892. Volume in-8 de 714 pages, avec carte en couleurs, broché . . . . **12 fr.**

Madagascar. *Histoire. Organisation. Colonisation*, par André YOU, sous-directeur au ministère des colonies, professeur à l'École coloniale. Préface par Albert DECRAIS, ancien ministre des colonies. Introduction par le général GALLIENI. 1905. Un volume in-8 de 652 pages, avec une carte, broché. . . . . **12 fr.**

Les Rivages indo-chinois. *Étude économique et maritime*, par R. CASTEX, enseigne de vaisseau. 1904. Un volume in-8, avec 6 croquis, broché. . . . . **5 fr.**

Organisation générale des Colonies françaises et des pays de protectorat, par Edouard PETIT, sous-chef de bureau à l'administration centrale des colonies, professeur à l'École coloniale. 1894. Deux volumes grand in-8 d'environ 700 pages chacun. Prix de chaque volume, broché. **12 fr.** — Relié en percaline. **13 fr. 50**

Le Régime du travail et la colonisation libre dans nos colonies et pays de protectorat, par Henry BLONDEL, sous-chef de bureau au ministère des colonies. 1895. Volume de 180 pages, broché . . . . **5 fr.**

Complément à l'ouvrage de M. Édouard PETIT sur l'*Organisation des Colonies.*

Notions de Droit maritime international, par J. CHARET, commissaire de 1re classe de la marine. 1907. Un volume in-16 de 124 pages, broché . . . **2 fr.**

Réglementation du Travail dans l'Industrie. *Lois, Décrets, Arrêtés* **(janvier 1908).** — I. Repos hebdomadaire. — II. Travail des adultes. — III. Travail des enfants, filles mineures et femmes. — IV. Hygiène et sécurité des ateliers. — V. Accidents du travail. — VI. Organisation du service de l'inspection. — Nomenclature des établissements dangereux, incommodes ou insalubres. — Brochure in-8 de 133 pages. . . . . **75 c.**

Législation du Travail et Lois ouvrières. *Classification. Commentaire. Jurisprudence. Législation comparée. Projets et propositions de lois*, par Daniel MASSÉ, ancien conseiller de préfecture. 1904. Un volume grand in-8 de 986 pages, broché. **15 fr.** — Relié en demi-maroquin . . . . **18 fr.**

Les Syndicats professionnels. *Commentaire de la loi du 21 mars 1884*, par BRUNOT, chef du cabinet du sous-secrétaire d'État au ministère de l'intérieur. 1885. Volume in-8, broché. . . . . **7 fr. 50**

Inspection du Travail. — **La Réglementation du Travail dans l'Industrie**, par Louis BOUQUET, directeur au ministère du commerce et de l'industrie. 5e édition, entièrement refondue et mise à jour, par Paul RAZOUS, ancien inspecteur du travail dans l'industrie. 1904. Un volume in-8 de 496 pages, broché . . . **6 fr.** Relié en percaline. . . . . **7 fr.**

Les Accidents du travail. *Commentaire de la loi du 9 avril 1898*, modifiée par les lois des 22 mars 1902 et 31 mars 1905, de la loi du 3 juin 1899 sur les accidents du travail agricole, et des règlements d'administration publique, décrets et arrêtés relatifs à leur exécution. Suivi d'une étude comparative de la législation étrangère, par Ed. SERRE, conseiller à la Cour de cassation. 3e édition, entièrement revue et mise au courant de la jurisprudence. 1906. Un volume in-8 de 660 pages, broché. . . . . **8 fr.** — Relié en percaline . . . . . . **9 fr. 50**

Recueil de Documents sur les Accidents du Travail, publiés par le ministère du travail :
— **Lois, Règlements et Circulaires.** 1908. Un vol. in-8 de 404 pages, br. **1 fr. 75**
— **Jurisprudence.** 1902-1906. Huit volumes in-8 (2 571 pages), broché. **28 fr. 50**
— **Législation sur les Accidents**, annotée des décisions de jurisprudence. 3e édition. Juillet 1907. Un volume in-8 de 110 pages, broché . . . . . **1 fr. 25**

Nancy, impr. Berger-Levrault et Cie

www.ingramcontent.com/pod-product-compliance
Ingram Content Group UK Ltd.
Pitfield, Milton Keynes, MK11 3LW, UK
UKHW021204230726
13926UKWH00001B/299